Les plus belles histoires pour les enfants de 2 ans

Coordination éditoriale : Mathilde Bréchet et Émilie Nief
Maquette : Laure Massin

ISBN : 978-2-07-066090-2

Numéro d'édition : 266851
Loi n° 49-956 du 16 juillet 1949
sur les publications destinées à la jeunesse
Dépôt légal : mars 2015
Imprimé en Europe

Illustrations
Couverture : Marguerite Courtieu, Georg Hallensleben,
Beatrix Potter, Tony Ross, Axel Scheffler et Bénédicte Guettier
Page 2 : Charlotte Roederer
Page 3 : Antoon Krings, Tony Ross, Bénédicte Guettier, Axel Scheffler et Lane Smith
Page 4 : Elsa Fouquier et Helen Oxenbury
Pages 5 : Angie Morgan, Georg Hallensleben, Charlotte Voake et Marion Billet
Page de crédits : Axel Scheffler et Tony Ross

Le papier de cet ouvrage est composé de fibres naturelles,
renouvelables, recyclables, et fabriquées à partir de bois provenant
de forêts gérées durablement.

PEFC
PEFC/01-31-246
Certifié PEFC
Ce produit est issu de forêts gérées durablement et de sources contrôlées.
www.pefc.org

Les plus belles histoires pour les enfants de 2 ans

GALLIMARD JEUNESSE

Sommaire

2 petites mains et 2 petits pieds

Mem Fox • Helen Oxenbury

1 bébé est né
loin, loin, très loin.

1 autre bébé est né,
dès le lendemain.

Et ces 2 bébés,

tout le monde le sait,

ont 2 petites mains

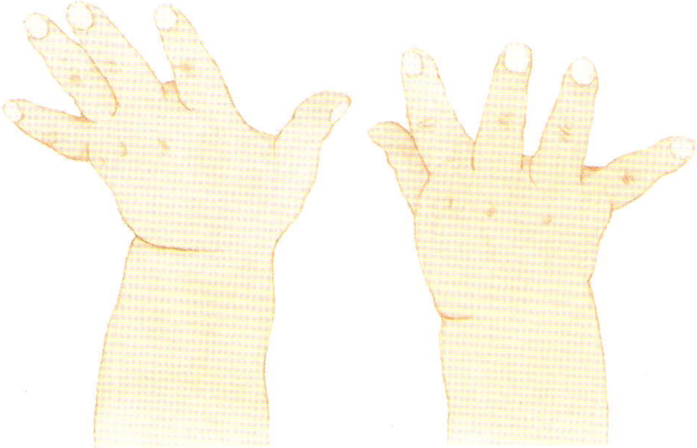

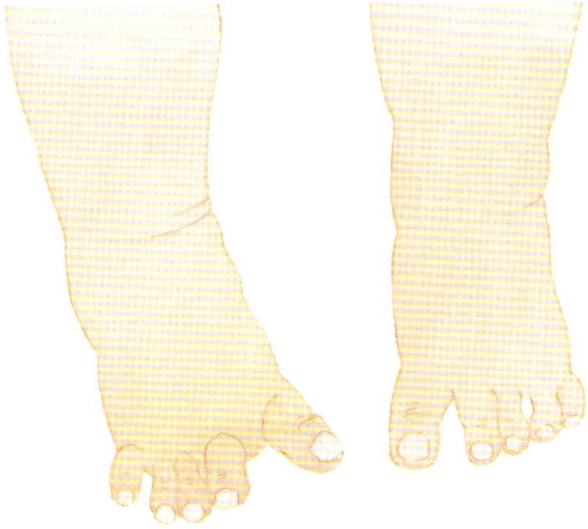

et 2 petits pieds.

1 bébé est né
dans une grande maison,

et 1 autre ailleurs,
au creux d'un édredon.

Et ces 2 bébés,

tout le monde le sait,

ont 2 petites mains

et 2 petits pieds.

1 bébé est né
au milieu des prés,

et 1 autre ailleurs,
toujours enrhumé.

Et ces 2 bébés,

tout le monde le sait,

ont 2 petites mains

et 2 petits pieds.

1 bébé est né
au pays des pingouins,

et 1 autre ailleurs,
dans le désert lointain.

Et ces 2 bébés,

tout le monde le sait,

ont 2 petites mains

et 2 petits pieds.

Mais ce gentil bébé,
ce joli nouveau-né,
il est à moi, tout à moi :
c'est le mien.

Et ce petit bébé,

tout le monde le sait,

a 2 petites mains,

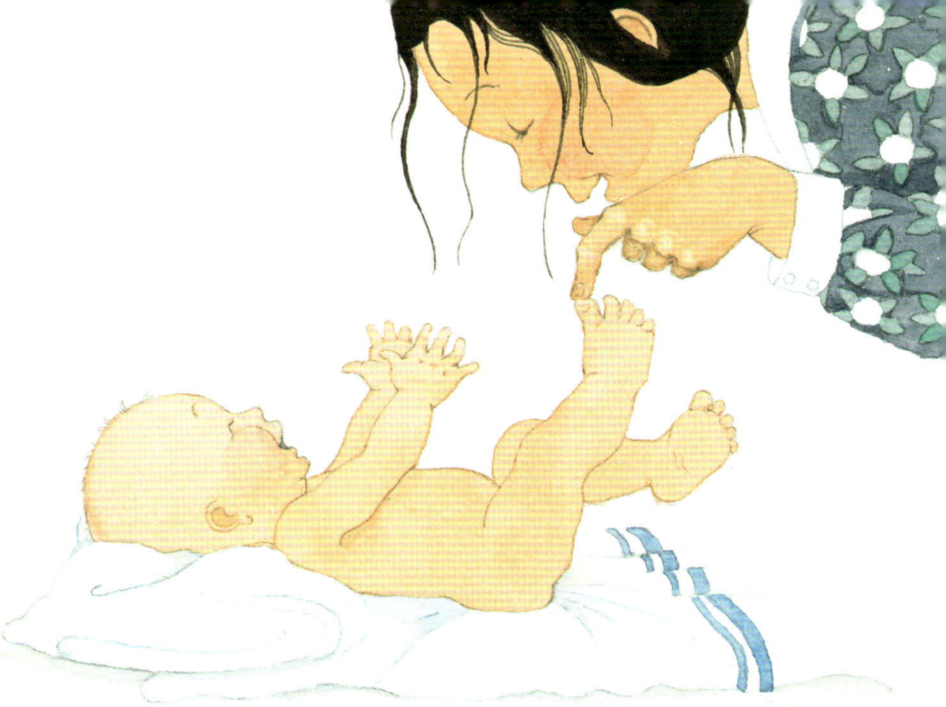

2 petits pieds…

et 3 petits baisers…

… sur le bout du nez.

La famille Tortue

Illustré par Charlotte Roederer

Jamais on n'a vu
Jamais on ne verra
La famille Tortue
Courir après les rats

Le papa Tortue
Et la maman Tortue
Et les enfants Tortue
Iront toujours au pas

C'est un petit livre

Lane Smith

Qu'est-ce que c'est que ça ?

Ça se mâchouille ?

Non.

Ça sert de chapeau ?

Non.

Ça envoie des e-mails ?

Non.

Ça fait coin-coin ?

Non.

Ça peut voler ?

Non.

On peut s'asseoir dessus ?

Non.

Ça peut faire un toit ?

Non.

On peut téléphoner avec ?

Non.

Ça sert d'oreiller ?

Non. Ça se lit…

C’est un livre, petit âne…

Donne-moi la main, Pénélope !

Anne Gutman • Georg Hallensleben

– Donne-moi la main, Pénélope, dit Maman.

– C'est pas juste, dit Pénélope, je n'ai jamais le droit de marcher dans les flaques. En plus, je ne me suis même pas salie !

« Et si…
… je faisais semblant
de ne pas entendre »,
imagine Pénélope…

…« je marcherais loin, loin derrière Maman,
et elle ne verrait pas ce que je fais… »

« Et si ensuite…
… j'essuyais mes chaussures
avec mon écharpe,
elles ne seraient même pas sales…

… et Maman
ne pourrait rien deviner. »

« Quelle bonne idée ! »
se dit Pénélope, juste au moment
où Maman arrive.

– Oh, là là, Pénélope !
Mais qu'est-ce que tu fais ?
demande Maman.
– Une bêtise plus grosse que moi !
répond Pénélope en riant.

Quelle coquine, cette Pénélope !

Je veux mon p'tipot !

Tony Ross

– Ah ! ces sales couches !
disait la princesse.

– Une seule solution : il faut aller sur ton p'tipot, répondait la reine.

Au début, la princesse trouvait que c'était abominable.

– Il faut aller sur ton p'tipot ! répétait la reine.

Et la princesse dut s'y habituer.

Parfois elle se ruait sur son p'tipot tellement elle en avait besoin.

Parfois la princesse jouait des tours à son p'tipot.

Parfois le p'tipot jouait des tours
à la princesse.

Le p'tipot, bientôt, ce fut très rigolo.

Et la princesse l'adora.

Tous disaient que la princesse était
très intelligente et serait une grande reine.

– Il faut aller sur ton p'tipot,
répondait la princesse.

Un jour, la princesse jouait
sur le toit de son château quand…

… elle se mit à hurler :
– JE VEUX MON P'TIPOT !

– Elle veut son p'tipot !
hurla la gouvernante.

– Elle veut son p'tipot !
hurla le roi.

– Elle veut son p'tipot !
hurla le cuisinier.

– Elle veut son p'tipot !
hurla le jardinier.

– Elle veut son p'tipot !
hurla le général.

– Je sais où il est, son p’tipot ! hurla l’amiral.

À toute allure on apporta le p’tipot à la princesse…

… juste…

… un tout p’tipot trop tard.

J'ai un gros nez rouge

Illustré par Charlotte Roederer

J'ai un gros nez rouge
Des traits sur les yeux
Un chapeau qui bouge
Un air malicieux

Deux grandes savates
Un grand pantalon
Et quand je me gratte
Je saute au plafond

Zébulon bébé champignon

ANTOON KRINGS

Zébulon bébé champignon
n'enlève jamais son chapeau.

Il mange
avec son chapeau.

Il joue avec son chapeau.

Il se baigne
avec son chapeau.

Et il s’endort
avec son chapeau.

Au pays des tout-petits

MARION BILLET

Les tout-petits ont très faim !
Ils sont impatients de prendre
leur petit déjeuner.

As-tu remarqué
qu'ils ne mangent pas tous
la même chose ?

Trouve,
montre
et dis les mots

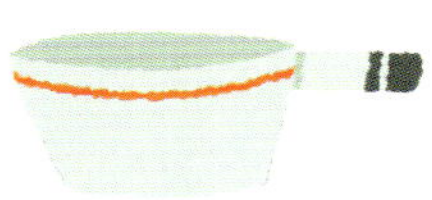

la casserole

le bol

le verre

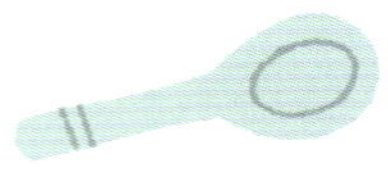

la cuillère

Qu'as-tu pris ce matin
au petit déjeuner ?
C'était bon ?

le lait

la confiture

la clé

le tableau

le tabouret

C'est l'heure d'aller jouer au parc.
Les tout-petits font de la balançoire,
du toboggan, et beaucoup de bruit aussi !

Et toi, à quoi aimes-tu
jouer dehors ?

Trouve, montre et dis les mots

l'écureuil

le chapeau

le lapin

la poussette

Oh ! là, là !
quelqu'un s'est tout sali !
Vois-tu qui c'est ?

la brouette | le seau | l'arrosoir | le singe | la pelle

Enfin à la maison ! Les tout-petits ont dîné,
et maintenant c'est l'heure du bain.
Ils aiment bien s'amuser dans la mousse
avec leurs jouets.

Trouve, montre et dis les mots

le shampooing

le pot

le savon

la baignoire

Petit Agneau se brosse
vraiment bien les dents !
À ton avis, qui est
le plus fatigué ?

la serviette | le papier toilette | la brosse à cheveux | le canard | la brosse à dents

Capitaine Petit Cochon

MARTIN WADDELL • SUSAN VARLEY

Par une belle journée, Vieux Bouc et Gros Dindon emmenèrent Petit Cochon au lac Bleu, où les attendait une barque rouge.
– Je veux aller faire un tour en bateau ! piailla Petit Cochon en sautillant sur place.
– Les dindons ne montent jamais dans un bateau, affirma Gros Dindon.
– Les boucs non plus, ajouta Vieux Bouc en prenant quand même place dans la barque.

– Je veux pêcher une baleine !
déclara Petit Cochon.
– Il n'y a pas de baleine
dans le lac Bleu, précisa
Gros Dindon.
– Il y en a peut-être
une toute petite, dit Vieux
Bouc en attachant une ficelle
à une rame pour que
Petit Cochon puisse essayer
de pêcher.

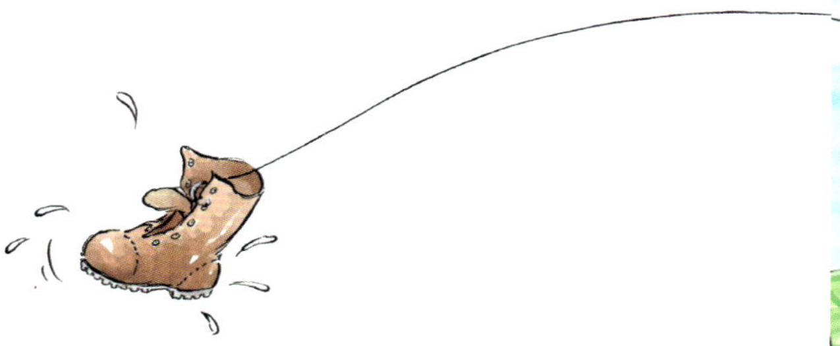

Petit Cochon ne pêcha pas
de baleine, mais il attrapa
une vieille chaussure,
ce qui n'était pas plus mal,
car on peut mettre beaucoup
de choses dans une chaussure.

– Je veux ramer ! déclara Petit Cochon.
– Tu es trop petit pour ramer ! objecta Gros Dindon.
– Mais si, voyons, il peut ramer ! dit Vieux Bouc.
Petit Cochon ne pouvait ramer qu'avec une rame à la fois, de sorte qu'il tourna…

en rond et en rond… en rond et en rond… en rond et en rond…

mais il rama tout seul, comme un grand.

– Je suis capitaine de vaisseau ! décréta Petit Cochon.
Gros Dindon hocha la tête, tout somnolent.
– Oui, capitaine, soupira Vieux Bouc. Vous êtes seul maître à bord !

– Mais je suis trop fatigué pour continuer à ramer ! avoua Petit Cochon.
– Ça ne m'étonne pas, remarqua Gros Dindon.
– Laisse dériver la barque, proposa Vieux Bouc en bâillant. Mais tiens bon la barre !

Sous la lune qui se levait dans le ciel, la barque dériva entre les roseaux en direction de la berge. Petit… Cochon… tenait… la barre… Puis… Petit… Cochon… ne tenait… plus… la barre… Il s'était endormi en serrant la chaussure contre lui. La barque… se laissait porter par le courant… à sa guise…

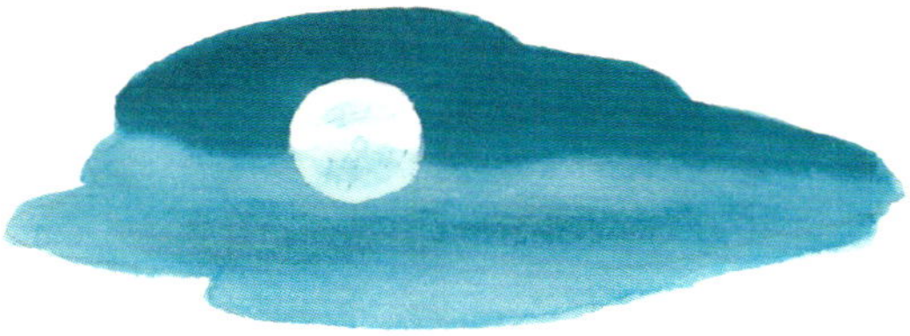

– C'est à moi de tenir la barre ! soupira Vieux Bouc. Il changea de place avec Petit Cochon, qui dormait, et prit la barre.

En approchant du ponton,
la barque tangua
dangereusement…

d'un côté…

et de l'autre… quand soudain…

PLOOOOUUUFFF !

GRRRR... GLOU-GLOU-GLOUPS !

OH-AH...

crachota Gros Dindon.

– Chut ! Il ne faut surtout pas réveiller capitaine Petit Cochon ! recommanda Vieux Bouc à Gros Dindon.

Ils portèrent Petit Cochon jusqu'à sa maison, enveloppé dans une couverture, et le bordèrent dans son lit bien gentiment.

Petit Cochon dormit
profondément… et rêva…
qu'il passait une merveilleuse journée
sur le lac Bleu en compagnie
de ses amis…

… une merveilleuse journée
où il était capitaine Petit Cochon.

L'âne Trotro et la main de Nana

Bénédicte Guettier

BONJOUR, NANA!
BONJOUR, TROTRO!
TU VIENS TE PROMENER AVEC MOI, DEMANDE TROTRO.
D'ACCORD, TROTRO! RÉPOND NANA.

TROTRO AIMERAIT BIEN TENIR LA MAIN DE NANA, MAIS IL N'OSE PAS LE LUI DEMANDER.

FINALEMENT IL PREND SON COURAGE À DEUX MAINS.
DIS, NANA, TU VEUX BIEN ME DONNER LA MAIN ? DEMANDET-IL.

MAIS NANA NE VEUT PAS LUI DONNER LA MAIN.
C'EST MA MAIN ! DIT-ELLE.

ET SI C'EST MOI QUI TE DONNE LA MIENNE ? DEMANDE TROTRO.

ALORS LÀ, JE VEUX BIEN ! RÉPOND NANA.

ET ILS REPARTENT MAIN DANS LA MAIN.

La nature, c'est génial !

Angie Morgan

Emma était plongée
dans un nouveau livre.
– Qu'est-ce que tu lis, Emma ?
lui demanda Gaspard, son petit frère.
– Laisse-moi tranquille, Gaspard,
répliqua-t-elle.

– C'est intéressant ? insista Gaspard.
– Très intéressant.
C'est sur la faune sauvage.
– C'est quoi, la faune ?
demanda Gaspard.
– Euh, fit Emma, eh bien, c'est…

– Waouh ! souffla Gaspard.
On pourrait aller les voir ?
– Oui, mais il ne faut
pas faire de bruit.
Les animaux sauvages
n'aiment pas du tout
le tintamarre.

– Je serai aussi discret
qu'une petite souris, promis.

Alors Emma prépara un casse-croûte
et emporta son livre.
Gaspard prit son épée.
Et ils partirent tous les deux
à la découverte de la faune.

Ils ne virent pas beaucoup d'animaux.

– On n'a pas tellement vu la faune, Emma ! cria Gaspard.
– Parce que tu fais trop de tintamarre, rétorqua sa sœur. Tu avais promis de ne pas faire de bruit.
– Ce n'est pas facile ! gémit Gaspard.
– Je vais te lire mon livre qui explique où vivent les animaux sauvages, proposa Emma.

– « Les lapins vivent
dans des terriers souterrains.
Ils creusent des trous
dans les talus ou sous les haies »,
lut-elle.

– SORTEZ
DE VOTRE TROU,
LES LAPINS !

brailla
Gaspard.

Mais aucun lapin ne pointa
le museau.

– « Les grenouilles vivent dans les mares
et les endroits humides », poursuivit Emma.

– DEHORS,
LES GRENOUILLES !

cria Gaspard.

Mais aucune grenouille
ne sortit de l'eau.

– « Les écureuils nichent haut
dans les arbres », reprit Emma.

– MONTREZ-VOUS,
LES ÉCUREUILS !

rugit Gaspard.

Mais ils ne virent pas
le moindre écureuil
non plus.

– Emma, je commence
à avoir faim et à être un peu
fatigué, avoua Gaspard.

Emma lui donna donc son casse-croûte.
Et après avoir mangé…

… il s'allongea pour faire
une petite sieste.

Emma et la faune sauvage
savourèrent le calme
et le silence.

Au bout d’un moment,
Gaspard se réveilla.
– Il est tard, remarqua
Emma.

Il faut qu’on rentre à la maison.
– Ce n’est pas très amusant d’observer
la faune, pas vrai, Emma ?

On n’a pas vu de lapins ni de grenouilles,
pas même la queue d’un écureuil.
On n’a rien vu du tout ! brailla Gaspard
sur le chemin du retour.

Gaspard était un peu déçu.
Le soir, il demanda :
– Qu’est-ce que tu lis, Emma ?
– Un livre sur la faune nocturne,
répondit-elle.

Les animaux qui ne
sortent que la nuit.
– Justement,
il fait nuit.

On pourrait aller
les voir dans
le jardin ? supplia
Gaspard.

– Mais
tu me
promets
de ne pas
faire de bruit,
lui rappela Emma.
– Je vais faire de mon
mieux, répondit
Gaspard.

Gaspard fit de GROS efforts
pour tenir sa langue.

Mais ça ne dura vraiment
PAS LONGTEMPS…

Chanson chut !

Illustré par Charlotte Roederer

Mains sur la tête
Les petits pieds s'arrêtent
Mains devant soi
Et je croise les bras

Mains retombées
Sur le côté
Ne plus bouger
Ne plus parler
Chut !

Pip et Prune
J'ai oublié mon doudou !

AXEL SCHEFFLER

Prune se préparait
pour aller dormir chez Pip.

Elle mit toutes ses petites affaires
dans sa valise. Elle ne voulait **rien** oublier.

Puis elle alla prendre le bus.
Il lui tardait vraiment d'arriver.

Pip était très content
de voir Prune.
– Bonjour, Prune !
cria-t-il.

– Bonjour, Pip ! répondit Prune.

Pip et Prune
s'amusèrent beaucoup.
Ils jouèrent
aux petites voitures.

Ils jouèrent
à la ferme.

Puis ils imaginèrent
un jeu appelé
« les pirates à l'hôpital ».

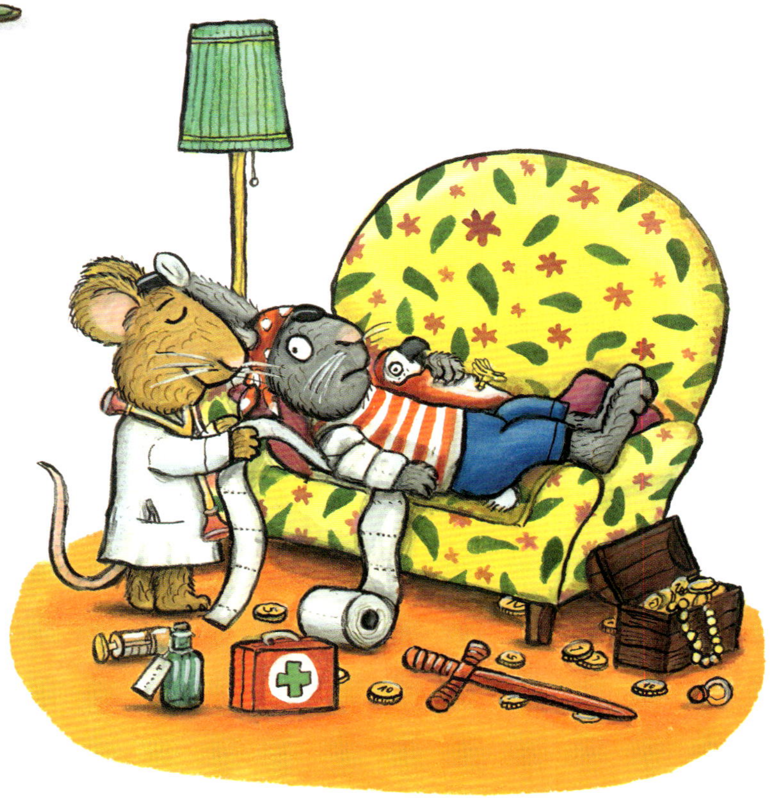

Ils mangèrent
des spaghettis.

Ils prirent
un bain moussant.

Ils se lavèrent
les dents.

Puis ils lurent
une histoire
très amusante.
Et ce fut l'heure
d'aller se coucher.

Ils éteignirent les lumières.

– JE NE PEUX PAS DORMIR SANS MA GRENOUILLE !

Pip ralluma la lumière.
– Est-ce que tu veux cet ours, Prune ? dit-il.
Mais Prune ne voulait pas de l'ours de Pip.
– Il n'est pas vert, dit-elle.
Ma grenouille est **verte**.

– Est-ce que tu veux mon dinosaure ?
dit Pip. Il est vert aussi.
– Non ! dit Prune.
Ce dinosaure est trop gros,
il me fait **peur** !

– Et ma tirelire-grenouille ?
proposa Pip.
– Non ! dit Prune.
Ce n'est pas **ma** grenouille !

Prune se mit à pleurer,
pleurer, pleurer.
Oh, là, là !
Pauvre Prune.

Pip réfléchit un peu.
Puis il fit quelque chose
de **très difficile**.

Prune s'arrêta de pleurer.
C'était **vraiment**
un beau cochon.

– Est-ce que tu voudrais
mon cochon, Prune ?
dit-il.

– Oh oui, merci, Pip !
dit-elle.

Pip s'endormit très vite…

… et Prune aussi.

Le lendemain, quand Prune rentra à la maison, elle retrouva sa grenouille…

… exactement là où elle l'avait laissée.

Youpiii !

Coucou les jumeaux

Charlotte Voake

Je vous présente
les jumeaux.

Voici
Charlotte.

Et voilà
Simon.

Ils ne se ressemblent
pas du tout.

Simon adore manger.
Il finit son assiette
jusqu'à la dernière
bouchée.

Charlotte préfère
sucer son pouce
en regardant par la fenêtre.

Charlotte adore
construire
des choses.

Simon aime
beaucoup
les faire tomber.

Les voilà sur la bascule :
l'un par terre…

l'autre en l'air !

Simon et Charlotte
adorent dessiner.
Simon fait toujours
les mêmes figures.

Charlotte copie
les chiffres de la pendule.

Simon et Charlotte
adorent les livres.
Simon regarde les images.

Charlotte y ajoute
ses propres illustrations.

Parfois, ils vont promener
leurs jouets dans la poussette :

Charlotte
comme ceci…

et Simon
comme cela !

Simon
et Charlotte

ne se ressemblent pas
beaucoup.

Charlotte
et Simon
ne font rien
de la même
manière.

Mais à l'envers
ou à l'endroit...

en l'air
ou par terre,

ils sont heureux.

Ce sont
les jumeaux…

et ils s'aiment bien
comme ils sont.

Coucou
Charlotte.
Coucou Simon.

COUCOU
LES
JUMEAUX !

Le petit Pierre Lapin

D'APRÈS BEATRIX POTTER

Le petit
Pierre Lapin adore…

sauter,

grignoter
des radis,

faire
des câlins,

et un
gros dodo !

Dix petites graines

RUTH BROWN

Dix graines, une fourmi.

Neuf graines, un pigeon.

Huit graines, une souris.

Sept pousses, une limace.

Six pousses, une taupe.

Cinq plants, un chat.

Quatre jeunes plantes, une balle.

Trois grandes plantes, un petit chien.

Deux boutons, beaucoup trop de pucerons.

Une fleur, une abeille…

Dix graines !

Le gâteau au yaourt

Illustré par Charlotte Roederer

Mon histoire est courte
Un pot de yaourt
Un demi-pot d'huile
Et deux pots de sucre

Trois œufs sans coquilles
Et un peu de vanille
Trois pots de farine
De farine fine

Trotro fait une tache

Bénédicte Guettier

AUJOURD'HUI, IL PLEUT. TROTRO NE PEUT PAS SORTIR. IL N'A PAS ENVIE DE JOUER DE LA TROMPETTE, NI DE LIRE NI DE JOUER AVEC SES CUBES.

IL A ENVIE DE FAIRE DE LA PEINTURE.

IL DÉCIDE DE FAIRE SON PORTRAIT.
IL COMMENCE PAR LA TÊTE.

IL AJOUTE LES OREILLES.

PUIS LES YEUX, LA BOUCHE ET LE NEZ.
ÇA NE ME RESSEMBLE PAS BEAUCOUP !
DIT TROTRO.

MAIS, SI J'AJOUTE DES DENTS,
ÇA FAIT UN MAGNIFIQUE MONSTRE
TRÈS MÉCHANT !

OH ! MAIS TROTRO A FAIT
UNE GROSSE TACHE DE PEINTURE
SUR SON TEE-SHIRT...

IL DÉCIDE DE LA NETTOYER
TOUT SEUL. IL FROTTE,
IL FROTTE, IL FROTTE...

MAIS LA TACHE NE VEUT PAS
PARTIR. ELLE EST DEVENUE
ENCORE PLUS GROSSE.

TROTRO DÉCIDE DE LA DÉCORER.
IL LUI FAIT DES OREILLES,
DES YEUX...

...UNE BOUCHE
ET DES RAYURES.

ET VOILÀ
UN SUPERBE TIGRE !

TROTRO VA FAIRE ADMIRER
SON DESSIN À SES PARENTS.
BRAVO, TROTRO ! DIT PAPA.
SUR TON TEE-SHIRT !
PROTESTE MAMAN.

MAIS, C'EST VRAI QU'IL EST BEAU. AJOUTE-T-ELLE
J'ESPÈRE QU'IL NE PARTIRA PAS AU LAVAGE.
ÇA NE FAIT RIEN DIT TROTRO. S'IL PART,
LA PROCHAINE FOIS, JE FERAI UN ÉLÉPHANT.

Bon appétit, Pénélope !

Anne Gutman • Georg Hallensleben

Pendant la sieste de Grand-Père, c'est Pénélope la fermière.
Elle doit distribuer aux animaux tout ce que Grand-Père leur a préparé à manger.

Doudou est déjà dans la brouette, alors en route ! On va bien s'amuser…
Devant la maison, Pénélope aperçoit le chat.
– Bonjour, chat ! J'apporte ton repas.

Oh ! Mais que mangent les chats ? Pénélope a déjà oublié tout ce que Grand-Père lui a expliqué.
Elle fouille dans ses paniers. Du grain, des épluchures, de la viande, des carottes, des salades, du pain ou du poisson ?
– Bon, essayons : chat, veux-tu du pain ?
Mais non, voyons ! Pénélope s'est trompée, le chat veut du poisson !

– Bon appétit, chat ! Et maintenant, au poulailler.
– Bonjour, poules ! J'apporte votre repas.
Oh, mais que mangent les poules ? Pénélope fouille dans ses paniers.
– Poules, voulez-vous de la viande ?
Mais non, voyons ! Pénélope s'est trompée, les poules veulent du grain !
– Bon appétit, poules !

Tiens, voilà le chien !
– Bonjour, chien !
J'apporte ton repas.
Mais que donner
au chien ? Pénélope
fouille dans ses paniers.
Cette fois, Pénélope
a trouvé :
– Chien, tu veux
des carottes ?

Mais non, voyons ! Pénélope s'est encore trompée,
c'est la viande qui est pour le chien !
– Bon appétit, chien ! Maintenant, allons au clapier.

– Bonjour, lapins ! J'apporte votre repas.
Mais que mangent les lapins ? Pénélope ne se souvient pas très bien.
Voyons ce qu'il reste dans les paniers :
– Ah, oui, des épluchures ! Lapins, c'est bien ça que vous mangez ?
Mais non, voyons ! Pénélope s'est trompée, les lapins veulent les carottes !
– Bon appétit, lapins ! En route pour la mare.

– Bonjour, canards ! J'apporte votre repas.
Mais que mangent les canards ? Pénélope a oublié, elle fouille dans ses paniers.
– Canards, je vous lance les salades ?
Mais non, voyons ! Pénélope s'est encore trompée, les canards veulent du pain !
– Bon appétit, canards !

Attention ! Pénélope a failli rouler sur la tortue !
– Pardon, tortue ! J'apporte ton repas.
Mais que mangent les tortues ? Pénélope ne se souvient plus.
Dans les paniers, il ne reste presque rien : des salades et des épluchures.
Pénélope, sans hésiter, lui dit :
– Tortue, voilà tes épluchures !
Mais non, voyons ! Pénélope s'est trompée, la tortue veut les salades !
– Bon appétit, tortue !

Et pour terminer, allons voir les cochons.
– Bonjour, cochons ! J'apporte votre repas.
Mais que mangent les cochons ? Il n'y a plus que des épluchures, espérons qu'ils en voudront...
– Cochons, aimez-vous les épluchures ?
Bravo ! Cette fois-ci, Pénélope a trouvé !

Tous les paniers sont vides, on a bien travaillé !
Mais, qu'est-ce qui dépasse du tout petit panier ?
Cette chose toute dorée à côté de Doudou…
… un pain au chocolat !

Grand-Père n'a oublié personne, pour Pénélope aussi, il y a un goûter !

Tout le monde s'est régalé.
Maintenant, Pénélope, toute fatiguée, va faire une sieste comme les vrais fermiers.
À tout à l'heure, Pénélope !

Il pleut, il mouille

Il pleut, il mouille,
C'est la fête à la grenouille.
La grenouille a fait ses p'tits,
C'est la fête à la souris.
Il pleut, il mouille,
C'est la fête à la grenouille.
La grenouille est à l'abri,
Dessous un grand parapluie.

1

Accroupis-toi,
et place tes mains
entre tes pieds.

2

Puis, monte et descends
sur tes jambes
en alternant les positions
accroupi-debout.

Gym et comptines pour les petits

Rida Ouerghi • Elsa Fouquier

Ah ! les crocodiles

Un crocodile, s'en allant à la guerre,
Disait au r'voir
à ses petits enfants,
Traînant ses pieds, ses pieds
dans la poussière,
Il s'en allait combattr'
les éléphants.
Ah ! les croco, ah ! les croco,
ah ! les crocodiles,
Sur les bords du Nil,
ils sont partis, n'en parlons plus.
Ah ! les croco, ah ! les croco, ah ! les crocodiles,
Sur les bords du Nil, ils sont partis,
n'en parlons plus.

Rampe sur le ventre
en pliant les bras et les jambes
pour avancer.

Un éléphant, ça trompe

Un éléphant, ça trompe, ça trompe,
Un éléphant, ça trompe
énormément.
La la la la la…

Deux éléphants,
ça trompe, ça trompe,
Deux éléphants,
ça trompe énormément.
La la la la la…

Marche à 4 pattes
sur les mains et les pieds,
en gardant le dos rond.

Dodo, l'enfant do

Dodo, l'enfant do,
L'enfant dormira bien vite.
Dodo, l'enfant do,
L'enfant dormira
bientôt.

Allonge-toi
sur le tapis et ferme
les yeux en écoutant
ta respiration.

Crédits

Merci aux auteurs et illustrateurs qui ont eu l'obligeance de nous accorder l'autorisation de reproduire leur œuvre dans cette anthologie. Leur confiance nous honore et leur participation nous est précieuse.

2 petites mains et 2 petits pieds, de Mem Fox et Helen Oxenbury. Publié par Houghton Mifflin Harcourt Publishing Company. Titre original: *Ten Little Fingers and Ten Little Toes* © Mem Fox 2008, pour le texte. © Helen Oxenbury 2008, pour les illustrations. © Gallimard Jeunesse 2009, pour la traduction française. Traduction d'Anne Krief.
La famille Tortue, illustré par Charlotte Roederer, extrait de *Mon imagier des comptines de la maternelle.* © Gallimard Jeunesse 2013.
C'est un petit livre, de Lane Smith. Publié pour la première fois par Roaring Brook Press, un imprint de Holtzbrinck Publishing Holdings Limited Partnership, New York. Titre original: *It's a Little Book* © Lane Smith 2011, pour le texte et les illustrations. © Gallimard Jeunesse 2012, pour la traduction française.
Donne-moi la main, Pénélope! d'Anne Gutman et Georg Hallensleben © Gallimard Jeunesse 2006.
Je veux mon p'tipot ! de Tony Ross. Publié par Andersen Press Ltd, Londres. Titre original: *I Want my Potty!* © Tony Ross 1986, pour le texte et les illustrations. © Éditions du Seuil pour la traduction française.
J'ai un gros nez rouge, paroles de Jean Boyer, illustré par Charlotte Roederer, extrait de *Mon imagier des comptines de la maternelle.* © Gallimard Jeunesse 2013.
Zébulon bébé champignon, d'Antoon Krings. © Gallimard Jeunesse 2012.
Au pays des tout-petits, de Marion Billet. Publié par Nosy Crow Ltd, Londres. Titre original: *Littleland* © Nosy Crow 2013, pour le texte. © Marion Billet 2013, pour les illustrations. © Gallimard Jeunesse 2013, pour la traduction française. Traduction d'Anne Krief.
Capitaine Petit Cochon, de Martin Waddell et Susan Varley. Publié par Andersen Press Ltd, Londres. Titre original: *Captain Small Pig* © Martin Waddell 2009, pour le texte. © Susan Varley 2009, pour les illustrations. © Gallimard Jeunesse 2009, pour la traduction française. Traduction d'Anne Krief.
L'âne Trotro et la main de Nana, de Bénédicte Guettier. © Gallimard Jeunesse 2009.
La nature, c'est génial! d'Angie Morgan. Publié par Egmont UK Limited, Londres. Titre original: *Shouty Arthur* © Angie Morgan 2013, pour le texte et les illustrations. © Gallimard Jeunesse 2013, pour la traduction française. Traduction de Vanessa Rubio-Barreau.
Chanson chut! paroles de Bernard Davois et Jean-Philippe Crespin, illustré par Charlotte Roederer, extrait de *Mon imagier des comptines de la maternelle.* © Gallimard Jeunesse 2013.
Pip et Prune - J'ai oublié mon doudou! d'Axel Scheffler. Publié par Nosy Crow Ltd, Londres. Titre original: *Pip and Posy. The Bedtime Frog* © Nosy Crow 2013, pour le texte. © Axel Scheffler 2013, pour les illustrations. © Gallimard Jeunesse 2014, pour la traduction française.
Coucou les jumeaux, de Charlotte Voake. Publié par Walker Books Ltd, Londres. Titre original: *Hello Twins* © Charlotte Voake 2006, pour le texte et les illustrations. © Gallimard Jeunesse 2006, pour la traduction française. Traduction d'Anne Krief.
Le petit Pierre Lapin, d'après Beatrix Potter. Publié pour la première fois par Frederick Warne, Penguin Group, Londres. Titre original: *Peter Rabbit Buggy Book* © Frederick Warne & Co 2011. © Gallimard Jeunesse 2011, pour l'édition française sous le titre *Pierre Lapin. Mon premier livre pour poussette.* Frederick Warne & Co est le propriétaire des droits, copyrights et marques du nom et des personnages de Beatrix Potter.
Dix petites graines, de Ruth Brown. Publié par Andersen Press Ltd, Londres. Titre original: *Ten Seeds* © Ruth Brown 2001, pour le texte et les illustrations. © Gallimard Jeunesse 2001, pour l'édition française.
Le gâteau au yaourt, paroles de Bernard Davois et Jean-Philippe Crespin, illustré par Charlotte Roederer, extrait de *Mon imagier des comptines de la maternelle.* © Gallimard Jeunesse 2013.
Trotro fait une tache, de Bénédicte Guettier. © Gallimard Jeunesse 2009.
Bon appétit, Pénélope d'Anne Gutman et Georg Hallensleben © Gallimard Jeunesse 2004.
Gym et comptines pour les petits, de Rida Ouerghi et Elsa Fouquier © Gallimard Jeunesse 2012.

Malgré tous nos efforts, des erreurs ont pu se glisser dans ces crédits. Nous prions les éditeurs, auteurs, illustrateurs et leurs ayants droit de bien vouloir nous en excuser.

Le trésor de l'heure des histoires

Dans la même collection

Les 30 plus belles histoires pour les tout-petits

Les plus belles histoires pour les enfants de 3 ans

Les plus belles histoires pour les enfants de 4 ans

Les plus belles histoires pour les enfants de 5 ans

Les plus belles histoires pour les enfants de 6 ans

Les 25 plus belles histoires de Noël

Les 15 plus belles histoires pour les petites filles

Les 15 plus belles histoires pour les petits garçons

Les 15 plus belles histoires de princes et de princesses

Les 20 plus belles histoires à lire le soir

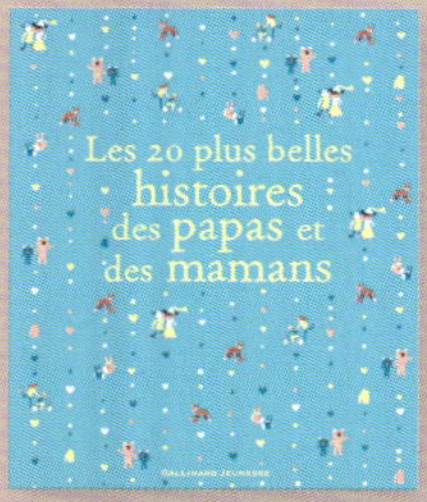

Les 20 plus belles histoires des papas et des mamans

Les 15 plus beaux contes pour les enfants

Le grand livre de la petite princesse

Les plus belles histoires du prince de Motordu

Les plus belles histoires pour l'école maternelle

Le trésor de l'enfance

Le grand livre de contes de Gallimard Jeunesse

Les 40 plus belles comptines et chansons

Les 30 plus belles chansons françaises